Servidores Comunitarios

Carteros y carteras

Texto: Dee Ready
Traducción: Dr. Martín Luis Guzmán Ferrer
Revisión de la traducción: María Rebeca Cartes

Consultora de la traducción:
Dra. Isabel Schon, Directora
Centro para el Estudio de Libros
Infantiles y Juveniles en Español
California State University-San Marcos

Bridgestone Books
an imprint of Capstone Press
Mankato, Minnesota

Bridgestone Books are published by Capstone Press
818 North Willow Street, Mankato, Minnesota 56001
http://www.capstone-press.com

Library of Congress Cataloging-in-Publication Data
Ready, Dee.
    [Mail carriers. Spanish]
    Carteros y carteras / de Dee Ready; traducción, Martín Luis Guzmán Ferrer;
revisión de la traducción de María Rebeca Cartes.
    p. cm.—(Servidores comunitarios)
    Translation of: Mail carriers.
    Includes bibliographical references and index.
    Summary: Explains the clothing, tools, schooling, and work of mail carriers.
    ISBN 1-56065-800-2
    1. Letter carriers—Juvenile literature. [1.Letter carriers. 2. Occupations. 3. Spanish
language materials.] I. Title. II. Series.
HE6161.R4318   1998
383'.145—dc21
                                                                98-7420
                                                                   CIP
                                                                   AC

Editorial Credits
Martha E. Hillman, translation project manager; Timothy Larson, editor; Timothy Halldin,
    cover designer; Michelle L. Norstad, photo researcher
Consultant
Dave Oberle, Supervisor of Customer Service, United States Postal Service
Photo Credits
Frank W. Mantlik, 20
International Stock/Bill Stanton, 16
Maguire PhotoGraFX, 6, 10, 14, 18
Unicorn Stock Photos/Joe Sohm, cover, 4; Joel Dexter, 8; Aneal Vohra, 12

Contenido

Para evitar una repetición constante, alternamos el uso del feminino y el masculino.

Carteros y carteras

Los carteros y las carteras hacen posible
que las cartas lleguen a la persona correcta.
Los carteros y las carteras también recogen
el correo que manda la gente.

Qué hacen las carteras

Las carteras recogen el correo en la oficina de correos. La oficina de correos es un edificio donde el correo se ordena. Después la cartera hace su ruta a pie o en un vehículo. Una ruta es los lugares a donde tiene que ir el cartero. Así, entrega el correo.

Qué se ponen los carteros

En los Estados Unidos los carteros usan uniformes azules. En invierno, usan uniformes gruesos para el frío. También usan zapatos y sombreros gruesos. En verano, muchos se ponen pantalones cortos y sombreros blancos. Los pantalones cortos y los sombreros blancos les sirven para estar frescos.

Qué instrumentos usan las carteras

Muchas carteras llevan una mochila de correo. Una mochila es una bolsa con una lengüeta que cubre la parte de arriba. En una mochila de correo pueden caber hasta 16 kilos (35 libras) de correo. Otras carteras usan bandejas largas de plástico.

Qué vehículos conducen los carteros

En las ciudades norteamericanas, los carteros conducen camiones blancos. En el campo los carteros conducen coches. Los coches y camiones de correo tienen el volante en la parte derecha. Esto le facilita al cartero alcanzar los buzones. Los coches y camiones comunes tienen el volante en el lado izquierdo.

Las carteras y la escuela

Todas las nuevas carteras tienen que haber terminado la secundaria. Además, deben pasar un examen de correos. Después las otras carteras les enseñan sus rutas.

Dónde trabajan los carteros

Los carteros entregan el correo a la gente en los pueblos y ciudades. También llevan el correo a la gente del campo. Los carteros llevan el correo a las casas de la gente. Pero también lo llevan a los lugares de trabajo.

Quiénes ayudan a las carteras

Los empleados postales ayudan a las carteras ordenando el correo. Algunos empleados postales venden las estampillas para las cartas. Otras personas ayudan enviando el correo a las oficinas de correos. Ellos conducen camiones o van en avión.

Los carteros ayudan a la gente

Los carteros ayudan a las comunidades. Ellos traen el correo de los amigos y la familia. Son los encargados de asegurar que el correo de la gente llegue al destino correcto.

Manos a la obra: Tú puedes coleccionar estampillas

Inicia una colección de estampillas. Una colección es un grupo de cosas que se reúnen a lo largo del tiempo. Tú puedes aumentar tu colección durante toda tu vida.

Qué necesitas

Estampillas usadas	Un recipiente pequeño
Agua tibia	Unas pinzas
Servilletas de papel	Un libro pesado
Un cuaderno	Pegamento o papel engomado

Qué debes hacer

1. Pídeles a tus amigos y familiares que te guarden sus estampillas usadas. Quita todo papel pegado a las estampillas.
2. Para hacer esto, pon las estampillas en agua tibia. Espera cinco minutos. El papel debe desprenderse de las estampillas. Espera un poco más si no se ha desprendido.
3. Usa las pinzas para sacar las estampillas del agua.
4. Pon las estampillas entre dos servilletas de papel. Pon un libro pesado sobre las servilletas. Déjalo ahí de 12 a 24 horas.
5. Pon tus estampillas en orden. Puedes ordenarlas por su valor. También puedes ordenarlas por sus ilustraciones. Luego pégalas o ponlas con papel engomado en un cuaderno.
6. Busca estampillas nuevas y diferentes para tu colección.

Conoce las palabras

empleados postales—persona que ayuda al cartero y a otra gente con el correo

mochila—bolsa con lengüeta para cubrirla

oficina de correos—edificio donde se ordena el correo y se venden estampillas

ruta—todos los lugares a donde tiene que ir el cartero para entregar el correo

Más lecturas

Marshak, Samuel. *Hail to Mail*. New York: Henry Holt & Company, 1990.

Skurzynski, Gloria. *Here Comes the Mail*. New York: Bradbury Press, 1992.

Páginas de Internet

United States Postal Service

http://www.usps.gov

Post Office

http://205.158.7.130/ccc_top/card/card.htm

Índice

9/03